BEI GRIN MACHT SICH IHR WISSEN BEZAHLT

- Wir veröffentlichen Ihre Hausarbeit,
  Bachelor- und Masterarbeit

- Ihr eigenes eBook und Buch -
  weltweit in allen wichtigen Shops

- Verdienen Sie an jedem Verkauf

Jetzt bei www.GRIN.com hochladen
und kostenlos publizieren

Simon Winzer

Die Personalentwicklung und die Änderung/Beendigung bestehender Arbeitsverhältnisse

GRIN Verlag

Bibliografische Information der Deutschen Nationalbibliothek:

Die Deutsche Bibliothek verzeichnet diese Publikation in der Deutschen National-
bibliografie; detaillierte bibliografische Daten sind im Internet über http://dnb.d-
nb.de/ abrufbar.

Impressum:

Copyright © 2015 GRIN Verlag GmbH
Druck und Bindung: Books on Demand GmbH, Norderstedt Germany
ISBN: 978-3-656-97651-6

Dieses Buch bei GRIN:

http://www.grin.com/de/e-book/300429/die-personalentwicklung-und-die-aende-
rung-beendigung-bestehender-arbeitsverhaeltnisse

GRIN - Your knowledge has value

Themenschwerpunkte

Teil 1: Personalentwicklung

1. Definition der Personalentwicklung:

1.1. Die neutrale Definition

„Alle Maßnahmen, die der individuellen beruflichen Entwicklung der Mitarbeiter dienen, unter Beachtung ihrer persönlichen Interessen, die dieser zur optimalen Wahrnehmung ihrer jetzigen und zukünftigen Aufgaben befähigen sollen."

1.2. Definition aus Sicht des Mitarbeiters

„Systematische Förderung der beruflichen Qualifikation."

1.3. Definition aus Sicht der Organisation

„Umformung des unter Verwertungsabsicht zusammengefassten Arbeitsvermögens im Hinblick auf die Gesamtheit der Mitarbeiterschaft."

1.4. Die Gemeinsamkeiten der Definitionen

> ➢ Befähigung der Arbeitnehmer, damit dieser den gegenwärtigen und zukünftigen Anforderungen gerecht werden

> ➢ erstreckt sich auf alle Mitarbeiter für die gesamte Dauer ihrer Zugehörigkeit

> ➢ organisatorische Regelungen werden bei Personalentwicklung als gegeben betrachtet

> ➢ Hervorhebung des Zusammenhangs zwischen Personal- und Organisationsentwicklung

> ➢ Interessen des Unternehmens und der Beschäftigten sollen Berücksichtigung finden

2. Ziele der Personalentwicklung

2.1. Ziele aus Sicht des Unternehmens

> ➢ langfristige Sicherung von qualifizierten Fach- und Führungskräften

> ➢ Erhaltung und Förderung der Qualifikation der Mitarbeiter

> ➢ Anpassung der Qualifikationen an Erfordernisse von Markt und Technik

> ➢ Ermittlung von Potenzialen

> ➢ Entwicklung von Laufbahnmodellen

➤ Verbesserung innerbetrieblicher Kommunikation und Kooperation

➤ Senken der Fluktuation

2.2. Ziele aus Sicht der Mitarbeiter

➤ Erhalt und Verbesserung einer selbstbestimmten Lebensführung

➤ Anpassung der Qualifikationen an Erfordernisse des Arbeitsplatzes

➤ Optimierung der eigenen Kompetenz

➤ Aktivierung von nicht ausgeschöpften Potenzialen

➤ Selbstentfaltung durch Übernahme qualifizierter Aufgaben

➤ Verbesserung der Laufbahnmöglichkeiten

➤ Sicherung der Existenzgrundlage

➤ Erhöhung der individuellen Mobilität am Arbeitsmarkt

3. Qualifikation und Kompetenzen

3.1. Definition von Qualifikation

„Qualifikation bezeichnet das gesamte Leistungspotenzial eines Mitarbeiters. Dazu gehören die Eignung, **Arbeitskenntnisse** ,an die Arbeitssituation geknüpfte individuelle Ziele und Erwartungen und die **Disponiertheit, den Anforderungen der Arbeitstätigkeit gerecht zu werden.** Die Festlegung eines Ziels ist erst möglich, wenn die Anforderungen an den Arbeitsplatz und den Qualifikationen des Mitarbeiter identisch sind".

3.2. Von der Qualifikation zur Handlungskompetenz

Aus der Qualifikation der Mitarbeiter entstehen Kompetenzen (siehe hierzu auch Abbildung 1).

Die Kompetenzen unterteilen sich in Fachkompetenz, Methodenkompetenz und Sozialkompetenz. Nur diese drei Kompetenzen zusammen können zur Handlungskompetenz führen, die für eine Stelle erforderlich ist (siehe hierzu auch Abbildung 2).

3.3. Die Fachkompetenz

Die Fachkompetenz ist die Anwendung funktionsbezogener Kenntnisse und Fertigkeiten, die zur Lösung der aktuellen und zukünftigen Aufgaben erforderlich sind:

➤ logisches, analytisches, abstrahierendes Denken
➤ erkennen von System- und Prozesszusammenhängen

3.4. Die Methodenkompetenz

Die Methodenkompetenz ist die Fähigkeit und Bereitschaft zu zielgerichtetem und planmäßigem Vorgehen bei der Bearbeitung beruflicher Aufgaben und Probleme:

> ➤ Auswahl, Anwendung und Weiterentwicklung gelernter Denkmethoden und Arbeitsverfahren bzw. Lösungsstrategien zur Bewältigung von Aufgaben und Problemen

3.5. Die Sozialkompetenz

Die Sozialkompetenz ist die Fähigkeit, besser miteinander zu kommunizieren, zu kooperieren und Konflikte konstruktiv zu lösen:

> ➤ sachliche und kooperative Auseinandersetzung und Verständigung
> ➤ kritik- und verantwortungsbewusste Urteilsfindung
> ➤ Mitwirkung und Mitbestimmung

4. Maßnahmen der Personalentwicklung

> ➤ PE into-the-job ist die Vorbereitung auf den Job (Ausbildung, Praktika usw.)

> ➤ PE on-the-job sind Maßnahmen direkt am Arbeitsplatz (job rotation, job enlargement, job enrichment, Gruppenarbeit)

> ➤ PE near-the-job sind Maßnahmen im Zusammenhang mit dem Arbeitsplatz (Projektarbeit, Qualitätszirkel usw.)

> ➤ PE off-the-job sind Maßnahmen, die arbeitsplatzübergreifend geeignet sind (Seminare, Workshops usw.)

> ➤ PE out-of-the-job steht in Zusammenhang mit Outsourcing und Outplacement

4.1. Personalentwicklung on-the-job

Die Personalentwicklung on-the-job umfasst Maßnahmen am Arbeitsplatz (siehe Abbildung 3).

4.1.1. Job Rotation

Die Job Rotation ist ein systematischer Arbeitsplatzwechsel. Andere gleichartige Aufgaben werden vorübergehend übernommen. Vorteile sind u.a.
> ➤ der Abbau von Ressortdenken
> ➤ die Erhöhung der individuellen Flexibilität
> ➤ die Erhöhung der innerbetrieblichen Mobilität

4.1.2. Job Enlargement

Job Enlargement ist die Ausweitung des Arbeitsinhalts durch das Hinzufügen gleichwertiger Tätigkeiten. Es entstehen Aufgaben mit größerem inhaltlichen Umfang, wobei strukturelle gleichwertige Aufgaben zu einer Gesamtaufgabe zusammengefasst werden. Vorteile sind u.a.

> die Verringerung der Monotonie
> das Nachvollziehen von komplexen Arbeitszusammenhängen
> die Vergrößerung der persönlichen Kompetenzen (weil zusätzliche Fähigkeiten benötigt werden)

4.1.3. Job Enrichment

Beim Job Enrichment werden verschiedene zusammenhängende Tätigkeiten zu einer Gesamtaufgabe zusammengefasst, wobei der Arbeitsinhalt mit qualitativ höherwertigen Arbeitselementen angereichert wird. Vorteile sind u.a.

> die bessere Möglichkeit zur Personalentfaltung
> die Vergrößerung der Selbständigkeit und Verantwortung
> der Abbau von Monotonie

4.1.4. Teilautonome Gruppenarbeit

Teilautonome Gruppen sind Kleingruppen, denen ein kompletter Arbeitszusammenhang eigenverantwortlich übertragen wird. Vorteile sind dieselben wir beim Job Enrichment, jedoch wird bei der Gruppenarbeit die soziale Interaktion gefördert.

Teil 2: Änderung bestehender Arbeitsverhältnisse

1. Die Arbeitszeitverkürzung

Formen der Arbeitszeitverkürzung:

> Teilzeitarbeit

> Abbau von Mehrarbeit

> Einführung von Kurzarbeit

> Verminderung der regelmäßigen betrieblichen Arbeitszeit im Rahmen des Tarifvertrages

2. Die Teilzeitarbeit

2.1. Definition der Teilzeitarbeit

„Teilzeitbeschäftigt sind alle Beschäftigten, deren regelmäßige Arbeitszeit kürzer ist als die regelmäßige Arbeitszeit aller vollzeitbeschäftigten Mitarbeiter im Unternehmen." (§ 2 BeschFG)

2.2. Formen der Teilzeitarbeit

> Traditionelle Teilzeitarbeit (z. B. Halbtagsarbeit)
> Abrufarbeit (Kapovaz)
> Partnerteilzeitarbeit (Job-Sharing)

3. Kurzarbeit

3.1. Definition der Kurzarbeit

„Kurzarbeit ist die vorübergehende Verkürzung der betriebsüblichen Arbeitszeit mit entsprechender Lohnminderung"

3.2. Voraussetzungen für die Kurzarbeit

> ➤ Arbeitsausfall beruht auf wirtschaftlichen Ursachen oder unabwendbaren Ereignis
> ➤ Dauer von mindestens vier Wochen
> ➤ ein Drittel der Belegschaft ist betroffen
> ➤ einzelner Arbeitnehmer hat 10 % weniger Arbeit, die gesamte Belegschaft 3 %
> ➤ Maßnahmen sind mit Betriebsrat abgestimmt
> ➤ vorherige schriftliche Anzeige bei der Agentur für Arbeit

4. Die Beendigung bestehender Arbeitsverhältnisse

Sollen die Arbeitsverhältnisse nicht geändert, sondern beendet werden, stehen dem Unternehmen die folgenden Möglichkeiten zur Verfügung:

- Aufhebungsvertrag
- Vorruhestand
- Outplacement
- Betriebsbedingte Kündigung
- Verhaltensbedingte Kündigung
- Personenbedingte Kündigung

5. Erklärung der Begriffe Aufhebungsvertrag, Vorruhestand und Outplacement

5.1. Der Aufhebungsvertrag

Ein Aufhebungsvertrag ist die Beendigung des Arbeitsverhältnisses im gegenseitigen Einvernehmen zwischen Arbeitgeber und Arbeitnehmer.
Sie haben den Vorteil, dass sie das Betriebsklima weniger belasten als Entlassungen und regelmäßig werden Abfindungen gezahlt, die Auswirkungen auf das Arbeitslosengeld haben. Ferner sind sie nicht anzeigepflichtig.

5.2. Der Vorruhestand

Mit dem Vorruhestand wird älteren Beschäftigten die Möglichkeit des vorzeitigen Ausscheidens aus dem Erwerbsleben gegeben. Der Personalabbau ist sozialverträglich und Karrierestaus werden abgebaut. Jedoch bedeutet das für das Unternehmen einen Erfahrungsverlust, hohe betriebliche Kosten und ein Mehr an Sozialversicherungsausgaben.

5.3. Outplacement

Durch Outplacement können ausscheidende Mitarbeiter beraten und unterstützt werden. Ferner hilft das den Mitarbeitern bei der Neuorientierung.

Ziele des Arbeitgebers sind die Analyse interner Schwachstellen, die Unterstützung bei Übermittlung der Trennungsnachricht und die geringeren Kosten der Trennung (bspw. Durch das Vermeiden rechtlicher Streitigkeiten).

6. Die drei Kündigungsarten und ihre Abgrenzung

6.1. Die betriebsbedingte Kündigung

Die Ursache für die betriebsbedingte Kündigung ist in der Regel die Veränderung in der betrieblichen Personalbedarfsstruktur. Sie ist die „Ultima Ratio" bei wirtschaftlichen Schwierigkeiten des Arbeitgebers und es hat zwangsläufig eine Sozialauswahl stattzufinden.

6.1.1. Die Sozialauswahl

Bei der Sozialauswahl sind die Mitarbeiter auszuwählen, die betriebsbedingt gekündigt werden. Hierbei sind die Mitarbeiter bevorzugt zu kündigen, die eine kurze Betriebszugehörigkeit, ein niedriges Lebensalter und keine Unterhaltspflichten (gegenüber Kindern) haben.

Für die drei Voraussetzungen sind Punkte zu vergeben. Die Mitarbeiter mit den wenigsten Punkten werden gekündigt. Eine Sozialauswahl findet **ausschließlich nur** bei der betriebsbedingten Kündigung statt.

6.2. Die verhaltensbedingte Kündigung

Die verhaltensbedingte Kündigung liegt im **Willen des Mitarbeiters begründet**. Sie ist (mit Ausnahme von schlimmen Vergehen) grundsätzlich **nur nach einer Abmahnung möglich**. Gründe für eine verhaltensbedingte Kündigung können beispielsweise Unpünktlichkeit, beharrliche Arbeitsverweigerung, Fehlverhalten und Alkoholeinfluss oder eine unerlaubte Konkurrenztätigkeit sein.

6.2.1. Die Abmahnung

Eine Abmahnung kann nur im Zusammenhang und im Vorhinein einer verhaltensbedingten Kündigung erfolgen. Bei einer betriebsbedingten oder personenbedingten Kündigung kann keine Abmahnung erfolgen.

Die Abmahnung ist eine Erklärung des Arbeitgebers, dass er ein bestimmtes Verhalten des Arbeitnehmers missbilligt. Ferner weist sie darauf hin, dass bei Fortsetzung des missbilligten Verhaltens eine Kündigung nicht ausgeschlossen ist. Die Abmahnung sollte schriftlich erfolgen und ist nicht durch den Betriebsrat zustimmungspflichtig. Nach ca. 2-3 Jahren besteht ein Beseitigungsanspruch aus der Personalakte.

6.3. Die personenbedingte Kündigung

Die personenbedingte Kündigung erfolgt dann, wenn in der Person liegende Gründe die Arbeit als ungeeignet erscheinen lassen. Hierbei ist jedoch nicht das Verhalten des Arbeitnehmers Anlass zur Kündigung.

Eine personenbedingte Kündigung erfolgt beispielsweise bei häufigen Kurzerkrankungen oder einer lang andauernden Krankheit, bei einer negativen Prognose der Krankheitsentwicklung, bei unzumutbaren betrieblichen Auswirkungen der Krankheit und wenn keine Beschäftigungsmöglichkeit auf einem anderen Arbeitsplatz besteht.

Anlagen

Von der Qualifikation zur Handlungskompetenz (Abbildung 1)

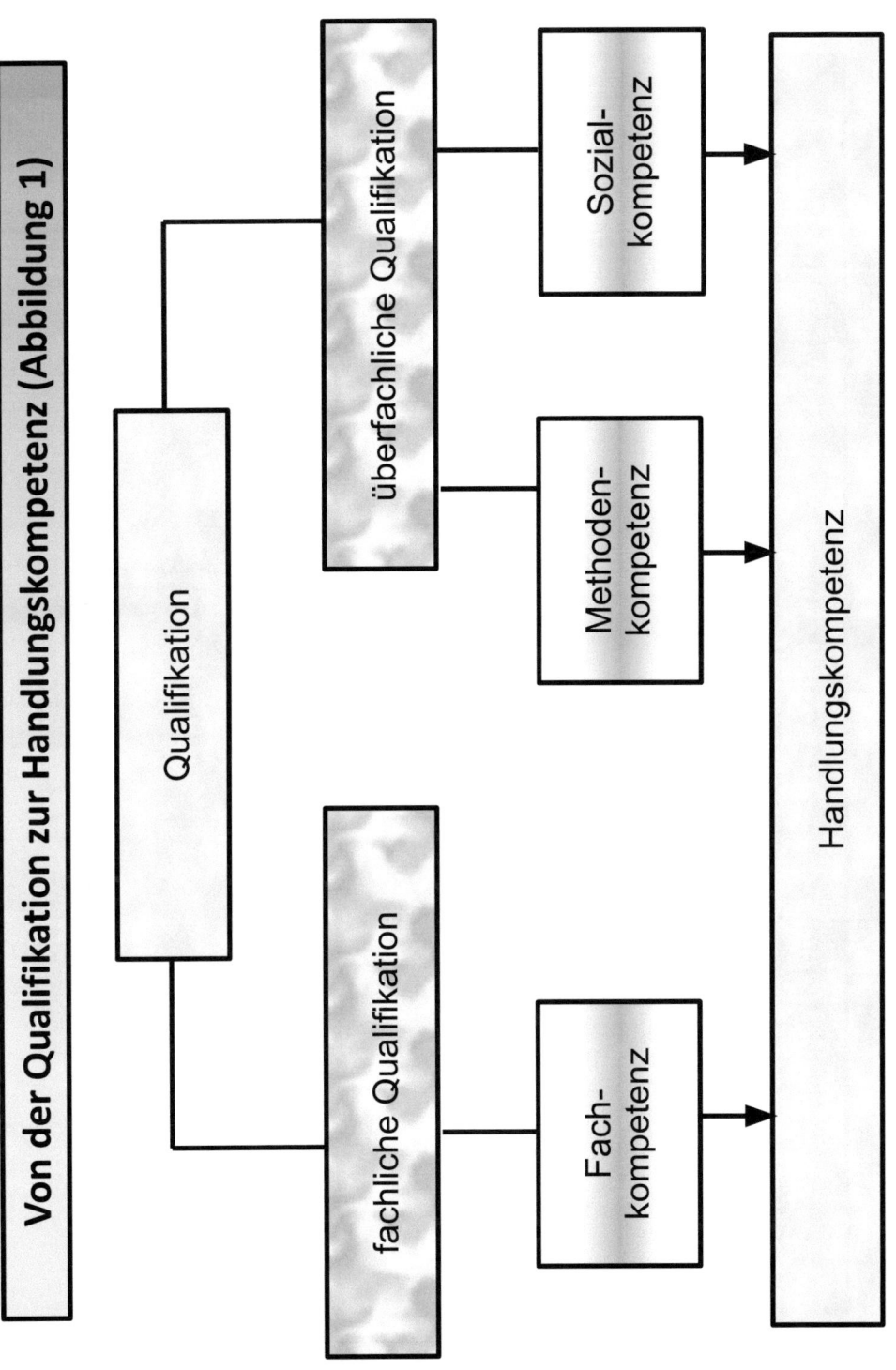

Das Entstehen der Handlungskompetenz (Abbildung 2)

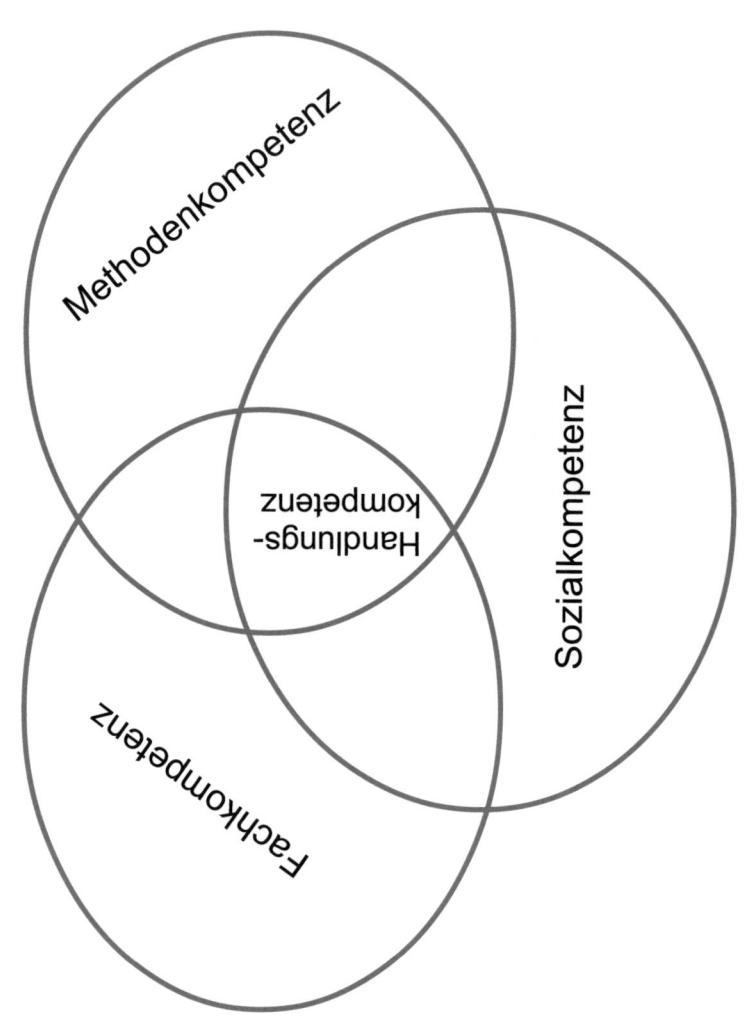

Personalentwicklung on-the-job (Abbildung 3)

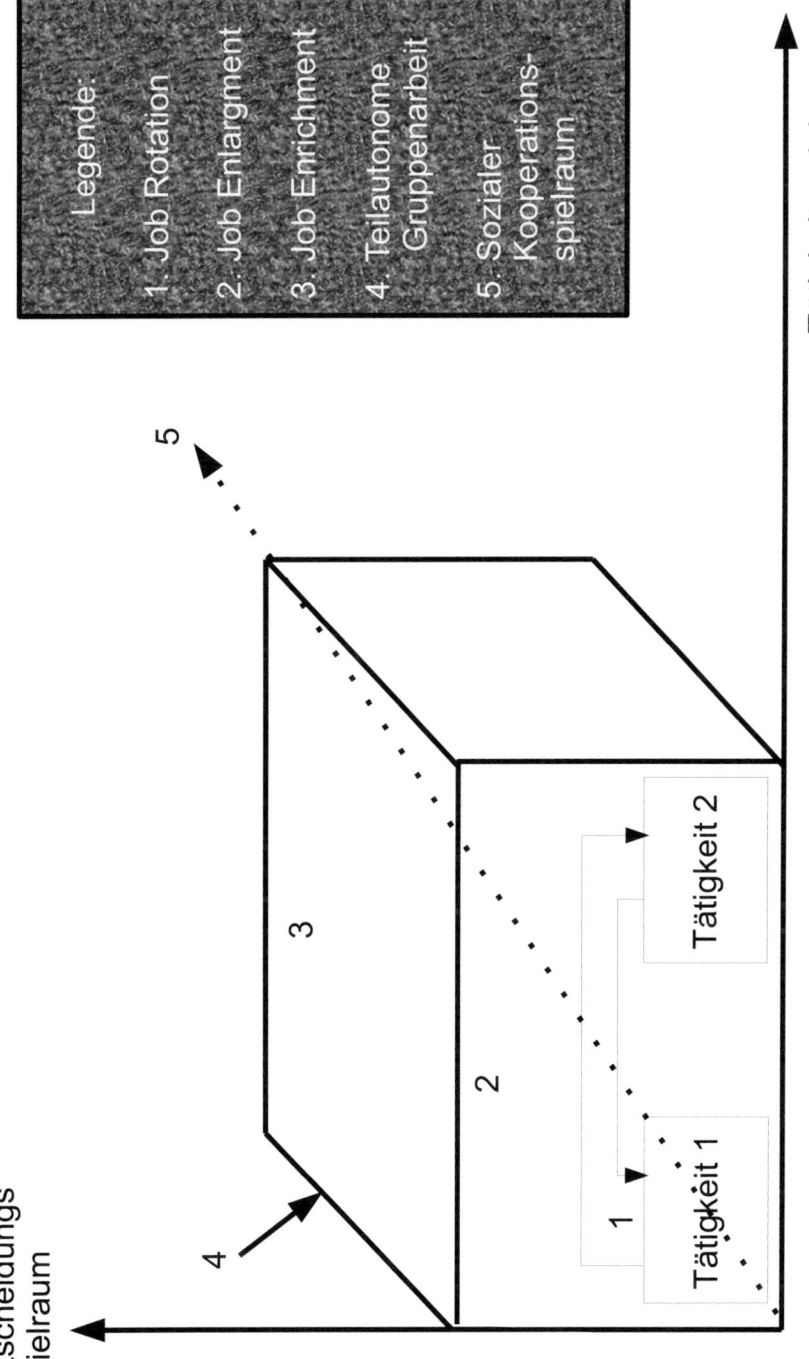

Entscheidungs-spielraum

Tätigkeitsspielraum

Legende:

1. Job Rotation

2. Job Enlargment

3. Job Enrichment

4. Teilautonome Gruppenarbeit

5. Sozialer Kooperations-spielraum

Tätigkeit 1

Tätigkeit 2